COUSIN

EN COURS DE PUBLICATION

CHEZ LE MÊME LIBRAIRE

MÉMOIRES DE NINON DE LENCLOS

PAR EUGÈNE DE MIRECOURT

60 livraisons à 25 centimes, avec gravures.
18 fr. l'ouvrage complet par la poste.

OUVRAGE TERMINÉ

CONFESSIONS DE MARION DELORME

PAR EUGÈNE DE MIRECOURT

60 livraisons à 25 centimes, avec gravures.
18 fr. l'ouvrage complet par la poste.

PARIS. — IMP. SIMON RAÇON ET COMP., RUE D'ERFURTH, 1.

COUSIN

LES CONTEMPORAINS

COUSIN

PAR

EUGÈNE DE MIRECOURT

PARIS
GUSTAVE HAVARD ÉDITEUR
15, RUE GUÉNÉGAUD 15,

1856

L'auteur et l'éditeur se réservent le droit de traduction
et de reproduction à l'étranger.

COUSIN

Au centre du Marais, dans un pensionnat dépendant de Charlemagne, il y avait, en 1809, une étrange figure d'écolier.

C'était un jeune homme de seize à dix-sept ans, d'une complexion frêle et maladive.

Son œil brillait d'un éclat fiévreux, et

son teint blême trahissait la fatigue de l'étude.

Il portait, comme un abbé, la chevelure très-longue et très-en désordre.

Jamais il ne se mêlait aux jeux des autres élèves.

On le voyait se promener de long en large dans la cour du pensionnat, gesticulant et dialoguant avec lui-même.

Ses camarades le prirent en grippe.

Ils l'accusèrent d'être brutal, méchant, sournois, despote, et cela parce qu'il dominait par l'intelligence tous ces gamins tapageurs, et qu'il ne daignait pas honorer de son intimité les héros du pensum et de la retenue.

Pour se venger de ses mépris, ils lui donnaient un sobriquet fort humiliant : ils le surnommaient *Prix d'honneur*.

Cela voulait dire, dans l'idiome de ces jeunes bourgeois :

— Tu n'es pas ici, comme nous, pour ton argent ; tu y es en qualité de galérien, les pieds rivés au thème grec et traînant le boulet de la version latine. Les haricots que tu manges, tu dois les rembourser en prix, en couronnes, sous peine de faire faillite au chef d'institution ; tu es condamné au prix d'honneur, et le *Journal de l'Empire* dira ta gloire à la suite du feuilleton de l'abbé Geoffroy. Travaille donc, malheureux, travaille sans cesse, travaille toujours !

Victor Cousin, — nos lecteurs le devinent, — était le nom de cet élève.

Il avait pour père un obscur horloger de la rue Saint-Antoine.

Depuis un an, l'instituteur lui octroyait bourse complète en raison des facultés admirables qu'il déployait.

Jusqu'à sa quatorzième année, Victor ne fréquenta que l'école gratuite et ne sortit point du domaine de l'instruction primaire. Sur cette ligne modeste, le succès de ses études fut si éclatant, que l'ambition jeta racine dans son cœur. Il se promit à lui-même de ne jamais entrer en apprentissage.

Malheureusement il fallait pour cela

soutenir une lutte avec l'autorité paternelle.

Ouvrier fort têtu, nourri dans les rêves les plus exaltés de la Révolution, et fanatique de Jean-Jacques Rousseau, M. Cousin père n'admettait pas d'autre évangile que le *Contrat social*. Il avait pour article de foi que tout homme, le riche comme le pauvre, le poëte comme l'idiot, doit être pourvu d'une profession manuelle.

Soit dit entre nous, et sans faire à la philosophie de l'auteur génevois une concession trop large, l'application de ce principe devrait être surtout exigible en ce qui concerne les poëtes.

Lorsque Victor parla d'apprendre le latin, M. son père lui répondit :

— Jean-Jacques n'en a éprouvé le désir qu'à l'âge de quarante-cinq ans. N'importe, tu 'es ton maître, pourvu que tu gagnes ta subsistance en travaillant dans une autre partie. Graveur, opticien ou horloger, voilà trois états que je te propose. Tu as vingt-quatre heures pour fixer ton choix.

Quand M. Cousin père avait parlé, toute espèce de réplique était défendue.

Victor, chez lequel se trahissait déjà cette nature fine, hypocrite et louvoyante qui, plus tard, lui a fait éviter tous les écueils pour aller bercer mollement sa chaloupe sur les vagues fallacieuses de l'éclectisme, — Victor, disons-nous, recourut à une combinaison que n'eût pas désavouée Tartufe.

Sa mère était une sainte et digne femme, un cœur humble, animé d'une foi vive.

Au plus fort des orages de l'impiété révolutionnaire, elle fit baptiser son fils par un prêtre non assermenté [1]. Puis elle travailla courageusement à l'élever en chrétien.

Mais l'horloger, bonnet rouge endurci, trouva convenable d'étouffer cette pieuse semence.

Il la remplaça par des germes d'athéisme qui se développèrent d'une façon si inquiétante, que Victor, à treize ans, ne

[1] Victor Cousin est né à Paris le 28 novembre 1792.

saluait plus un prêtre et jurait par Lamettrie et par le baron d'Holbach.

La pauvre mère pleurait toutes ses larmes.

Elle croyait son fils perdu en ce monde et en l'autre. Sa joie fut donc extrême quand celui-ci vint lui dire :

— Mère, j'ai fait sur le christianisme des réflexions sérieuses. Il se pourrait bien que la vérité fût là.

Jugez comme l'excellente femme accueillit ce début.

— Cher enfant! serait-il vrai? Le ciel exauce mes prières et la grâce touche ton cœur! dit-elle en lui prodiguant les caresses. Il faut partir en Normandie chez notre cousin l'abbé [1].

— J'y songeais, répond Victor.

— Il achèvera de dissiper tes doutes, mon enfant; il te ramènera dans le bon chemin.

— Oui... mais je tremble que mon père ne s'y oppose; il veut que j'entre à l'atelier.

— Miséricorde! est-ce pour te perdre plus sûrement par les mauvais exemples? Sois tranquille, j'obtiendrai que tu partes.

Elle l'obtint en effet.

Le soir même, Victor prenait la dili-

---

[1] Ce prêtre desservait une paroisse aux environs de Mantes.

gence et se faisait à lui-même le petit raisonnement qui va suivre :

— Mon cousin l'abbé me trouvera des dispositions, il me proposera de continuer mes études au séminaire. J'accepterai, sauf à jeter plus tard la soutane aux orties quand je saurai le grec et le latin.

Vous voyez que notre héros était un petit Machiavel d'une certaine force.

Le bon ecclésiastique dont il espérait faire sa dupe avait heureusement de la clairvoyance. Il devina, sous les protestations de l'écolier, le véritable mobile qui le faisait agir et lui épargna son rôle hypocrite.

— Tu veux à tout prix continuer tes études, lui dit-il. Rien n'est plus simple.

Un chef d'institution de ma connaissance te prendra pour cent écus par an.

— Cent écus! Mon père ne donnera jamais un pareille somme, objecta Victor.

— Je la trouverai sur mes économies, dit l'abbé. Si ton orgueil s'alarme, il dépendra de toi de faire bientôt cesser la subvention. Quand les instituteurs de Paris découvrent un élève à succès, ils le conservent gratuitement, et même ils offrent une pension à sa famille pour ne pas le perdre.

Victor apprit ainsi à connaître l'industrie bizarre de messieurs les marchands de soupe universitaires.

— Nous sommes en avril, tu resteras ici

jusqu'au mois d'octobre, continua l'abbé. Si tu as du courage, et si tu travailles activement sous ma direction, tu peux être, à cette époque, de la force d'un bon élève de quatrième.

Notre héros remercia le digne ecclésiastique avec une effusion qui n'avait plus rien de l'hypocrisie.

Leur plan s'exécuta sans encombre. De la part de M. Cousin père aucun obstacle ne vint l'entraver.

Dans tous ces arrangements, la bourse de l'admirateur de Jean-Jacques ne subissait aucune atteinte : il renonça volontiers à l'application des doctrines du *Contrat social*.

Victor, à son retour des parages nor-

mands, entra d'emblée en troisième dans
ce même pensionnat du Marais où le
lecteur a pu le voir, au début de notre
récit.

L'année scolaire se passa pour le jeune
élève de la façon la plus victorieuse.

Il remporta tous les prix de sa classe
au collége Charlemagne, et le grand concours proclama trois fois son nom l'année
suivante.

Dès lors il eut bourse entière.

— Ah! mes condisciples m'appellent
Prix d'honneur! s'écriait-il en éperonnant son courage : eh bien, je ne veux
pas les faire mentir!

Il se tua de travail, et conquit effectivement, à la fin de l'année de rhétorique, ce prix glorieux, qui devait être le point de départ de sa fortune.

Son Excellence le grand maître de l'Université lui décerna de sa noble main la couronne classique en papier vert.

Or ceci se passait au mois d'août 1809.

Un an plus tard, Victor Cousin entrait à l'École normale sans concours, et avec le titre de premier élève, par le *droit divin* du prix d'honneur.

Ce bienheureux prix lui rendit un autre service, dont l'importance n'était point à dédaigner, c'est-à-dire qu'il l'exempta de la conscription, ou plutôt de la mort, car ce fut une seule et même chose pour le contingent de 1812.

A l'École normale, Victor Cousin ne fut pas tourmenté comme au collége.

Là, plus de railleries jalouses, plus de propos taquins et méchants. Il était avec l'élite des écoliers travailleurs ; il se trouvait au milieu de la pépinière studieuse du professorat.

Néanmoins il ne sut pas se faire aimer de ses nouveaux camarades.

Ceux-ci baissaient pavillon devant son intelligence si élevée et si lucide. Ils applaudissaient volontiers à ses chaleureuses déclamations sur l'art, sur la musique, pour laquelle il montrait un goût décidé. Tous le croyaient parfaitement capable d'écrire un opéra-comique ou non comique ; on s'accordait à le trouver plus fort que cette *ganache* de Spontini.

Mais on ne l'aimait point.

Ses condisciples remarquaient la sécheresse et l'égoïsme profond de sa nature, son besoin de domination constante, son avidité pour l'éloge. Rien de tout cela n'excitait leur sympathie.

Victor Cousin se destinait à l'enseignement des lettres.

Chose à noter, la philosophie lui déplaisait souverainement, lorsqu'un jour le hasard le fit entrer dans la classe de Laromiguière.

Comme Malebranche, auquel la lecture fortuite de Descartes révéla ses aptitudes, cet instant décida de la vocation de notre héros.

L'illustre professeur expliquait à son

auditoire la doctrine de Locke et de Condillac.

Il modifiait sur quelques points cette doctrine, un peu trop propice aux passions sensuelles, et s'en acquittait avec une grâce, une élégance, un charme de bonhomie qui pénétraient et subjuguaient.

Victor Cousin se sentit pénétré et subjugué.

Cependant il n'abandonna point encore le domaine des lettres. Nous le trouvons, en 1812, répétiteur de littérature grecque à cette même École normale où, deux années auparavant, il était simple élève.

En 1814, il y occupe la position de maître des conférences [1].

[1] Titre équivalent à celui de professeur de faculté.

Vers la même époque se place une anecdote déplorable, et qu'il est impossible d'omettre, puisque nous écrivons l'histoire du brillant jeune homme.

Il logeait à l'hôtel Praslin, rue du Petit-Bourbon, dans le quartier de l'Université.

Chacun le considérait déjà comme un grave personnage. Il avait bien un peu l'air d'un professeur de mimique, grâce aux gestes multipliés et solennels dont il accompagnait chacune de ses phrases; mais ceci ne faisait qu'ajouter à sa considération. Il se montrait rangé, laborieux, ne recevait que de rares visites, jamais de femmes.

On le vit, un jour, reconduire jusqu'à la porte de l'hôtel un homme à cheveux gris, et d'une mise plus qu'ordinaire.

Le visiteur parti, Victor entra chez le concierge et lui fit cette recommandation expresse :

— Quand ce monsieur reviendra, dites que je n'y suis pas !

— Oh ! oh ! chuchotèrent les voisins, notre piocheur aurait-il des créanciers ?

Le même homme revint à quelques jours de là. Tout aussitôt le Cerbère de lui barrer le passage, en criant :

— M. Cousin n'est pas chez lui !

— Pour d'autres, c'est possible; mais, pour moi, je vous affirme qu'il y est toujours : je suis son père.

Le concierge pétrifié laissa forcer la consigne.

Il ne fut pas seul à entendre la révélation, ou plutôt il en a propagé le scandale, puisque la *Gazette des Écoles* du 6 novembre 1832 nous le transmet, à vingt-quatre ans de distance.

Peut-être Victor Cousin craignait-il que le vieil horloger, trop simple de costume et de langage, ne rencontrât chez lui M. Royer-Collard, son illustre protecteur.

M. Royer-Collard, porté à la Chambre au commencement de la seconde Restauration, venait de choisir Victor Cousin pour son suppléant à la Faculté des lettres.

Et Victor Cousin fit sa leçon d'ouverture le 7 décembre 1815.

Nous allions oublier de dire que, l'année précédente, il avait, pendant quelques mois, professé la philosophie au lycée Bonaparte.

Il se déclarait alors admirateur passionné de Napoléon.

Ses anciens condisciples de l'École normale avaient plus d'une fois applaudi à ses harangues chaleureuses en faveur du héros.

Quelle fut donc leur surprise de voir M. Cousin, ce partisan déclaré de l'Empire, imiter l'exemple de messieurs les volontaires royalistes, charger le mousquet sur son épaule débile et *courir sus au brigand de l'île d'Elbe*, suivant l'aimable expression féodale de Louis XVIII !

Ces innocents jeunes gens ne pouvaient revenir de la métamorphose [1].

Les premières leçons de notre héros à

[1] Voici une anecdote empruntée au *Censeur de Lyon* (1843) : « En sa double qualité de philosophe et de traducteur de Platon, M. Cousin eut longtemps la prétention d'être un modèle de vertu et d'austérité. Déjà pair de France, le péripatéticien moderne se rendait pédestrement de sa demeure au restaurant Risbeck, situé place de l'Odéon. Il y dînait pour trente sous, quarante sous au plus, et n'humectait qu'avec de l'eau pure les simples mets dont il nourrissait l'enveloppe matérielle de son âme. Un jour qu'il venait d'achever son fricandeau modeste, arrive un gros garçon qui prend place à la table voisine de la sienne. Celui-ci n'était ni philosophe ni pair de France : il fait honneur à la carte, et, levant la tête au dessert, il aperçoit son pâle vis-à-vis. — Eh! si je ne me trompe, s'écrie-t-il, c'est M. Cousin! — Oui, monsieur; mais je n'ai pas l'honneur de vous connaître. — Quoi! vous ne remettez pas un de vos anciens élèves de Louis-le-Grand! J'étais un des moins favorisés de la classe. — Je ne me rappelle pas le moins du monde... — Comment donc! et votre petit logement de la rue Saint-Jacques, sur la table duquel nous dessinions de si gro-

la Sorbonne ne se passèrent pas au milieu de cet immense concours d'auditeurs que les passions politiques lui donnèrent plus

tesques figures ! — Ces souvenirs, monsieur, ne sont pas de notre âge. — En effet, j'en ai de plus sérieux à vous rappeler, car nous avons failli être ennemis mortels. En 1815, j'étais artilleur volontaire, et vous vous étiez fait volontaire royal. Comme nous vous trouvions magnifiques avec vos chapeaux ronds, relevés d'un côté et garnis d'une cocarde blanche ! N'avez-vous pas fait la campagne de Vincennes ou de Villejuif?... Si nous nous étions rencontrés dans la plaine... Voyez-vous l'élève canonnant le professeur ! M. Cousin ne jugea pas convenable d'achever son dîner. Il se leva, fit un salut très-froid à son ex-élève, et prit la porte en le laissant déconcerté d'une aussi brusque retraite. Le pauvre garçon revenait des colonies, où il avait fait un long séjour. Il ignorait la fortune inespérée de son ancien répétiteur de troisième au collége Louis-le-Grand. L'anecdote a couru, et les biographes de M. Cousin ne doivent pas négliger l'épisode de la campagne de Vincennes. J'aurais donné beaucoup pour voir passer le traducteur de Platon dans son costume de *volontaire royal*. »

R. le D.

tard, ainsi qu'à ses collègues Villemain et Guizot.

Presque toujours la salle était vide. On n'y apercevait qu'un très-petit nombre d'adeptes zélés.

Parmi les plus assidus, Victor Cousin remarquait un vieillard qui ne manquait pas une séance et venait régulièrement s'asseoir dans le voisinage du poêle. Sa mise décente, son linge blanc, révélaient une existence modeste charmée par l'étude, une médiocrité de fortune soutenue par un caractère digne.

Victor avait pris en affection ce vénérable auditeur.

Ses regards s'arrêtaient sur lui avec complaisance toutes les fois qu'il lançait du haut de sa chaire quelque période à effet, renforcée d'une pantomime démonstrative.

Le vieillard inclinait alors silencieusement la tête, comme un homme à qui la force d'une vérité philosophique arrache un signe d'acquiescement.

Un jour d'hiver (il faisait un temps épouvantable : deux pieds de neige couvraient les rues, et la bise glaçait impitoyablement tous les nez qui s'aventuraient dehors), notre professeur ne trouva qu'un seul homme à son cours.

C'était l'héroïque vieillard.

Il avait pris sa place habituelle à côté du poêle.

— Voilà, certes, un beau trait! se dit

Cousin. Je ne le laisserai pas sans récompense. Adressons la parole à cet ami inconnu, et traitons-le d'une façon cordiale.

— Eh bien, dit-il en descendant de sa chaire, il paraît, monsieur, que nous allons être seuls, aujourd'hui?

Le bonhomme le regarde et hoche sa vieille tête.

— Vous étiez à mon dernier cours. Que pensez-vous du *sens moral* d'Hutcheson [1]?

Cette fois le vieux arrondit sa main gauche, la porte à son oreille en forme de cornet acoustique, et lance au professeur ce monosyllabe significatif :

[1] Il expliquait alors la philosophie écossaise, Smith, Reid, Dugald-Stewart, etc., etc.

— Hein?...

Le pauvre homme était sourd à ne pas entendre Dieu tonner.

Depuis le commencement de la saison rigoureuse, il venait là demander au poêle universitaire le calorique bienfaisant que sa bourse ne lui permettait pas de trouver ailleurs.

M. Cousin fut excessivement humilié.

Par bonheur il ne tombait pas de la neige tous les jours. D'autres adeptes, à l'oreille plus sûre, recueillirent ses leçons et les sténographièrent.

Il se fit même assez de bruit autour du jeune professeur.

Dans les cercles lettrés on parlait avec

éloge de la philosophie écossaise et de Victor Cousin, son prophète. Royer-Collard en prit de l'humeur; il donna brutalement un coup de boutoir au travers de cette gloire naissante.

— Vous appelez ça des révélations, dit-il; ce sont tout au plus des exhibitions !

Royer-Collard n'avait pas tort. On pouvait écouter M. Cousin, mais en prenant bien garde de le croire sur parole.

Ceux qui, de bonne foi, l'auraient suivi pas à pas dans l'application de ses systèmes multiples ressembleraient à autant de malades imbéciles qui, après avoir puisé tour à tour dans les bocaux d'une pharmacie, absorberaient un abominable mé=

lange de remèdes salutaires et de poisons.

M. Cousin prend d'abord les armes que lui fournit l'idéalisme écossais, puis il *va-t'en guerre* et attaque vaillamment la philosophie sensualiste de Condillac.

« Cette philosophie mesquine et dégradante, dit-il, qui prétend renfermer l'âme humaine dans le cercle étroit de la sensation; qui, pour se délivrer des faits intelligents qui l'embarrassent, les mutile et les amoindrit ou les passe sous silence; qui peut bien faire sortir de son principe les conseils de la prudence, la morale de l'intérêt, mais qui n'en tirera jamais les règles du devoir, les croyances de l'homme de bien, car elle sape la vertu par les fondements et anéantit la conscience. »

Voilà, certes, une argumentation parfaite.

Mais, après avoir écrasé le matérialisme, notre professeur, dont l'esprit est d'une mobilité rare, s'éprend tout à coup de la philosophie panthéiste et athée des allemands.

Il admire le fils du sellier de Kœnisberg [1], ouvre les grammaires tudesques afin de mieux le comprendre, s'extasie en lisant la *Critique de la raison pure*, et se plonge tête baissée dans cet abîme.

En même temps que les idées de son nouveau maître, il épouse sa terminologie grotesque.

La chaire française retentit pour la pre-

[1] Emmanuel Kant.

mière fois des absurdes et folles doctrines d'outre-Rhin. Kant le démolisseur, Fichte l'idéaliste athée, Schelling le philosophe de la nature, puis enfin Hegel, le sublime Hegel, obtiennent tour à tour les louanges de Victor.

Hegel est l'auteur de cette proposition blasphématoire : « *Dieu arrive dans l'homme à la connaissance de lui-même.* »

Ébloui d'une aussi magnifique pensée, M. Cousin, dans un premier voyage en Allemagne, à la fin de 1817, tombe aux genoux du maître et porte pieusement à ses lèvres un pan de sa redingote [1].

---

[1] Henri Heine s'est moqué fort agréablement, à son point de vue, de cette passion subite de notre héros

Revenu à Paris, il commence un cours de philosophie morale.

Sa parole brûlante, imagée — beaucoup trop imagée pour l'exactitude et la sévérité philosophiques — son accent plein d'enthousiasme quand il touche la corde du patriotisme, tout contribue à enflammer la jeunesse des écoles.

Un jour il appelle l'homme « *une force libre.* »

---

pour la philosophie allemande. « M. Cousin, dit-il, a toujours observé à l'égard de cette philosophie le sixième commandement : il n'y a pas *flouté* une idée. Tous les témoins déposent unanimement que, sous ce rapport, M. Cousin est la probité même. Je vous prédis que la renommée de M. Cousin, comme la Révolution française, fera le tour du monde. J'entends déjà les ricaneurs ajouter : En effet, la renommée de M. Cousin fait le tour du monde; on ne la trouve déjà plus en France. »

Cette définition est couverte d'applaudissements. On y voit une protestation courageuse contre les menées envahissantes du parti prêtre et des ultras.

Les congréganistes prennent la chose en mauvaise part. Notre philosophe révolutionnaire voit suspendre son cours.

Dans le délire de son revirement libéral, il a poussé l'audace jusqu'à faire une apologie de Marat, en pleine Restauration.

Bien d'autres à sa place n'eussent point osé louer ce monstre en pleine République.

M. Cousin, devenu martyr, accepte les palmes consolatrices que toute la presse de l'opposition lui décerne.

Du reste, il ne se plaint pas d'être condamné au silence, car une maladie de poitrine, causée par un travail opiniâtre sur les manuscrits de Proclus [1], commence à donner de l'inquiétude à ses amis.

Les souffrances de Victor deviennent intolérables. Il se retire dans un modeste logement de la rue d'Enfer, dont la fenêtre donne sur les marronniers du Luxembourg.

Il ne travaille plus. Seulement il emploie quelques heures à la lecture pour ne point mourir d'ennui.

Ce fut alors que lui tomba dans les

---

[1] Philosophe néoplatonicien qui s'appliqua, de concert avec tous les adeptes de l'école d'Alexandrie, à lutter vigoureusement contre les progrès du christianisme et à le confondre.

mains une brochure intitulée *De la révolution piémontaise*, avec ce vers d'Alfieri pour épigraphe :

Sta la forza per lui, per me sta il vero[1].

Elle venait d'être publiée en France par le chef avoué de cette révolution, le fameux comte de Santa Rosa, qu'on a très-justement appelé le Don Quichotte du libéralisme.

Victor brûlait de voir ce héros transalpin.

On le lui amena juste au moment où sa maladie le jetait dans une crise violente. Il vomissait le sang et se croyait perdu.

— Monsieur, dit-il au proscrit en lui

---

[1] « Qu'il garde la force, la vérité me reste. »

tendant la main, vous êtes le seul homme que, dans mon état, je désire connaître encore.

Une liaison très-intime s'établit entre eux.

Santa Rosa prenait en France le nom de *Conti*. Logé rue des Fossés-Monsieur-le-Prince, dans le voisinage du professeur malade, il le visita tous les jours et se rencontra chez lui plus d'une fois avec Humann et Royer-Collard.

Ce dernier prévint un soir le comte italien qu'on jugeait prudent de s'assurer de sa personne et de le tenir sous les verrous.

Dans cette mesure, ordonnée par le

ministère, il y avait une menace d'extradition peut-être.

Or, de l'autre côté des Alpes, Santa Rosa voyait l'échafaud.

Victor le cache à Auteuil dans la maison de campagne de M. Viguier. Tous les deux y établissent leurs pénates pendant les premiers mois de 1822, ne recevant aucune visite et ne sortant jamais de l'enceinte du parc.

M. Cousin s'occupe d'une traduction de Platon.

Le comte écrit ses *Recherches sur les gouvernements constitutionnels*.

Effrayé des progrès de la maladie du

philosophe, Santa Rosa le décide un jour à retourner à Paris, afin d'y consulter l'illustre Laennec, leur ami commun.

Victor suit ce conseil.

Ne le voyant pas revenir le soir même et cédant à l'inquiétude, notre Italien commet l'imprudence de quitter Auteuil et d'aller chercher, rue d'Enfer, des nouvelles du malade.

La police avait l'œil au guet.

Sur la place de l'Odéon, Santa Rosa tombe dans une embuscade de sept ou huit agents, qui l'appréhendent au corps et l'emmènent à la préfecture de police.

On l'accusait de complot contre la sûreté de l'État.

Deux ordonnances de non-lieu, rendues

successivement par les juges civils et par la cour royale, ne permirent pas au ministère de prolonger la captivité du patriote piémontais, qui reçut l'ordre d'interner à Alençon d'abord, puis à Bourges.

Ce fut de cette dernière résidence qu'il écrivit à M. Cousin ces lettres si charmantes et si tendres, publiées depuis sous le couvert du prince de la Cisterna.

Victor alla visiter son ami dans le chef-lieu du département de l'Orne.

Il y composa l'argument du *Phédon* sur l'immortalité de l'âme.

Le séjour du comte à Bourges ne fut pas de longue durée. Bientôt on le pria d'accepter un passe-port pour l'Angleterre et de prendre la route de Calais en compagnie d'un gendarme.

Pythias et Damon ne devaient plus se se revoir.

Après avoir vécu longtemps de privations à Londres, Santa Rosa partit pour la Grèce et voulut mettre son épée au service du gouvernement national; mais on n'accepta point cette offre, car la Sainte-Alliance, très-haute et très-ombrageuse dame, eût probablement dressé l'oreille au nom du révolutionnaire piémontais.

Désespéré, le comte s'engage dans les rangs des Palikares avec le titre de simple soldat; puis il va mourir obscurément, d'un éclat de mitraille, au siège de Missolonghi.

Victor Cousin n'avait pu mettre obstacle à cette funeste détermination, ni par sa correspondance ni par ses conseils, attendu qu'il était alors lui-même au secret le plus absolu dans les cachots de cette même Sainte-Alliance, qui persécutait si cruellement le patriotisme d'un bout de l'Europe à l'autre.

Il est bon d'expliquer comment ce malheur lui arriva.

Ne touchant plus aucune espèce d'émoluments universitaires, pauvre de son patrimoine, à bout de ressources, il crut devoir accepter temporairement une mission pédagogique, fort au-dessous de son mérite, mais qui pouvait servir ses projets et ses études.

En un mot, la duchesse de Montebello le donna pour précepteur au jeune duc, son fils aîné, qu'elle envoyait en Allemagne, et qui allait, à la mode anglaise, compléter son éducation par les voyages.

Très-avancé comme principes, grâce à ses rapports avec Santa Rosa, Victor, chemin faisant, juge convenable de chauffer le carbonarisme.

On l'arrête à Dresde en flagrant délit de propagande.

Bientôt la Saxe le livre à la Prusse, et voilà notre homme dans les cachots de Berlin.

Sa prison menace d'être longue.

Il s'obstine à ne répondre à aucun interrogatoire, conteste à un gouvernement étranger le droit de répression sur ses actes et lui reproche de commettre un inexcusable abus de la force.

Gans et plusieurs autres savants d'Allemagne rendent visite au captif.

L'historien Michelet, son compatriote, alors à Berlin, remue ciel et terre pour obtenir sa délivrance; mais il ne peut y réussir.

A trois mois de là seulement, trois mortels mois, nos ministres, tourmentés par les incessantes réclamations de la presse, font passer une petite note à M. de Damas, chargé de l'ambassade française en Prusse.

Victor voit enfin les portes de son cachot s'ouvrir.

Il rentre à Paris dans les premiers jours de mai 1825 et remercie les journaux de leurs bons offices.

La *Gazette de France*, qui avait alors une teinte libérale, continue de le prôner bel et bien dans ses colonnes. Elle déclare qu'on lui doit une réparation éclatante, parle de son mérite méconnu, le compare à Platon, et lui fait obtenir, grâce à cette audacieuse métaphore, la croix de la Légion d'honneur.

Ce fut Charles X qui en orna la boutonnière du carbonaro propagandiste.

Il faut dire que M. Cousin commençait à appliquer dans le ressort de la politique ce système commode qui devait distinguer plus tard sa philosophie glorieuse.

Ayant compris le danger des opinions trop exclusives, il se prit à colorer son drapeau de toutes les nuances connues; il entretint des relations dans tous les camps.

Tour à tour il rendit visite à la Fayette, à Dupont (de l'Eure), à Chateaubriand, à Rovigo et à Paul-Louis Courier.

La religion de l'éclectisme avait trouvé son apôtre.

— Ce diable d'homme connaît l'univers entier ! s'écriait Villemain, furieux de le rencontrer partout sur sa route.

A la fin de 1825, le grand Victor publia les premiers volumes de sa fameuse traduction des œuvres de Platon [1].

[1] Les derniers ne parurent qu'en 1840. L'ouvrage complet forme 13 volumes in-8°.

Dans les notes de cet ouvrage, il prouve que Socrate a été condamné justement à boire la ciguë, parce qu'il attaquait la société païenne et les dieux de l'Olympe avec la plus haute irrévérence.

Une seule chose étonne le grand Victor, c'est que l'Aréopage n'ait pas rendu ce jugement à l'unanimité.

Signataire de la traduction citée plus haut, M. Cousin n'y a fourni qu'une part de travail médiocre. On peut dire qu'elle est plutôt de Georges Farcy[1] et d'Auguste Viguier.

« Farcy avait beaucoup étudié Platon, dit le *Temps* du 13 janvier 1832. Nous croyons même pouvoir affirmer que les

[1] Jeune savant, tué en 1830.

volumes les mieux compris et les plus élégamment traduits de M. le conseiller d'État Cousin sont dus aux veilles philosophiques de Farcy. »

Quant au deuxième collaborateur, notre héros reconnaissant lui dédia l'ouvrage en ces termes :

« *A mon ami* Auguste Viguier, *comme une dette et un souvenir.* »

L'année suivante, M. Cousin donne une édition complète des œuvres de Descartes.

Il publie en outre des *Fragments philosophiques*, et son disciple Adolphe Garnier se fait le complaisant éditeur du *Cours de l'histoire de la philosophie*, sténographié à la Sorbonne.

En 1828, M. Cousin imprime de *Nou-*

veaux fragments philosophiques sur les sectes anciennes.

Au sujet de ce dernier livre, le *Drapeau blanc*, feuille plus royaliste que le roi, prodigue à Victor les félicitations. « Il vient de prouver, dit Martainville, rédacteur en chef de cette feuille, combien il est loin de vouloir soutenir les principes révolutionnaires. »

— Attendez, monsieur Martainville, attendez un peu! Vous comptez sans l'éclectisme.

Le ministre Villèle tombe, et Martignac rend à M. Cousin sa chaire en Sorbonne.

Aussitôt l'illustre professeur, dont les doctrines semblaient si pacifiques, se retourne comme Janus, fait voir un autre visage et devient un foudre de guerre.

Chaque pensée, chaque mot de son cours, est une allusion politique.

La multitude se porte à la Sorbonne; on applaudit à outrance.

Aussi imprudent que les compagnons d'Ulysse, Martignac a lâché les vents contenus dans l'outre d'Éole : il est victime de la tempête, et la chaire de notre vaillant professeur se change en une formidable catapulte, dont l'opposition fait usage pour battre en brèche le ministère Polignac.

Celui-ci résiste et soutient le siége.

Arrivent les ordonnances, suprême va-tout d'un parti désespéré, pièce de monnaie que la dévote congrégation jetait en l'air en murmurant :

« — Croix ! »

Mais la Révolution mit brutalement le pied dessus et cria :

« — Pile ! »

Hélas ! le mot fut presque aussitôt suivi de l'action ! Daignez excuser le calembour en faveur de l'image.

Le 27, M. Cousin se rend au *Globe*, dont il est rédacteur.

Il veut empêcher Pierre Leroux de faire paraître le journal et de s'associer à la protestation de la presse.

— Vous compromettez vos amis, lui dit-il. C'est trop vite, beaucoup trop vite ! La Restauration est encore nécessaire.

Quant à moi, je déclare que le drapeau blanc reste mon drapeau !

Le 28, il matelasse ses fenêtres, barricade ses portes, et se prend à suer la peur, tandis qu'on se fusille en bas.

Un grand nombre de citoyens viennent, le 29, prier Népomucène Lemercier de prendre possession de la mairie du onzième arrondissement. L'auteur de *Frédégonde* accepte.

Comme il se rendait à la mairie, alors située rue Garancière, il passe devant la porte du grand Victor, qu'il a connu à la société *Aide-toi, le ciel t'aidera*.

Népomucène monte, se fait ouvrir, et trouve cet illustre patriote accroupi derrière ses rideaux, pâle et frissonnant d'épouvante.

Cousin refuse de le suivre. Il faut l'entraîner d'autorité jusqu'à la mairie.

Là, notre philosophe commence à s'apercevoir que la révolution qu'il déclarait impossible est faite.

En avant l'éclectisme! passons à un nouveau changement de visage.

Il n'a plus un mot de regret pour le drapeau légitime. On l'entend parler de patrie, d'abnégation, de courage civique et de dévouement à la cause de la liberté.

Quelqu'un exprime le désir d'aller solliciter une place, où il pourra mieux servir cette cause.

— Ah! citoyen, dit Victor, comment osez-vous montrer de semblables convoitises dans un jour si pur! *Nous avons combattu* pour la patrie, et non dans les intérêts mesquins d'une ambition personnelle.

Nobles et dignes paroles, assurément!

Dix-huit mois après, l'homme qui venait de s'élever avec une énergie si louable contre les quêteurs de place en avait une douzaine à lui tout seul.

Il est vrai que l'éclectisme continuait triomphalement sa route.

L'ordre de choses de Juillet ne crut pas devoir payer par trop de faveurs cet admirable système. Il semblait fait de commande, tant il cadrait avec le caractère de Louis-Philippe et la pensée du règne.

Effectivement, le monarque du parapluie bleu voulait une philosophie qui ne fût ni républicaine, ni catholique, ni légitimiste, ni protestante, ni même libérale.

Or l'éclectisme satisfaisait à toutes ces conditions.

Victor était le docteur précieux, créé tout exprès pour la circonstance. On accepta sa doctrine caméléonienne. Chacun se mit à suivre cette philosophie vague et commode qui prétend « marcher dans la ligne droite et la juste mesure à travers tous les systèmes, » et qui n'est en réalité qu'un cours impudent de variations, d'incertitudes et de mensonges.

Cousin disait un jour :

— Mais je ne repousse pas le saint-simonisme. Il a du bon. Notre devoir est de puiser un peu partout.

Le même jour il s'écriait :

— Soyons chrétiens comme tout le monde ! Le christianisme est fort malade sans doute, mais il en a bien encore pour deux cents ans *dans le ventre*. (Textuel.) Comme il vivra plus longtemps que nous, il ne faut pas lui rompre en visière [1]. »

Et cette philosophie de saltimbanque a pu être prise au sérieux !

Cousin se prosterne devant la croix, tout en la regardant comme un signe de

---

[1] Ceci explique pourquoi M. Cousin, ministre, fit toujours la révérence au clergé. Il ne voulait pas que le clergé lui donnât de la férule.

superstition. Relevez demain la statue de Jupiter, il se hâtera de lui offrir une hécatombe.

Nous sommes de l'avis de M. Peyrat, bibliographe de la *Presse*.

En tirant ainsi des révérences de tous les côtés, on se réduit au rôle de maître Jacques, et maître Jacques n'était ni un bon cocher ni un bon cuisinier.

Le gouvernement de la bascule récompensa de la façon la plus large le théoricien cher à son cœur.

Victor devint successivement conseiller d'État, conseiller de l'Université, officier de la Légion d'honneur, membre de l'Académie des sciences morales et politiques, directeur de l'École normale avec logement et traitement, membre de l'Académie française, pair de France, — et Barthélemy s'écria dans la *Némésis* :

Une seule pensée obsède notre vie !
Que nous font aujourd'hui Lisbonne et Varsovie,
Et la peste lointaine, et le Belge voisin ?
De ses rêves de gloire oubliant la chimère,
La France des Trois Jours, comme une jeune mère,
  A soif du bonheur de Cousin.

Aussi le *Moniteur*, son fidèle interprète,
A toujours pour son fils une colonne prête,
Répertoire de croix et de bons du Trésor ;
Pour nous consoler tous de la publique gêne,
Il construit le tonneau du pâle Diogène
  Et le garnit de cercles d'or.

Dans notre siècle athée, heureux qui se confie
Au modeste repos de la philosophie !
Heureux qui lit Platon mieux qu'un Grec de Péra,
Danse aux joyeux salons où le monde l'invite,
Professe un cours public que le public évite
  Et se macère à l'Opéra !

Ah! que tes devanciers de Rome et de l'Attique
Avaient bien mal compris la pensée éclectique,
Grand Victor! Ils jeûnaient de misère à leur cours;
Sur les fonds de l'État ils n'avaient point de rentes;
Des disciples suivaient leurs doctrines errantes
  Et payaient bien mal leurs discours.

. . . .
. . . .

Voilà les vrais progrès de la psychologie!
Oh! que tu nages bien dans ta sphère élargie!
Déjà ton œil rusé lorgne un septième emploi.
Poursuis, rhéteur doré; dans nos jours de souffrance,
Il faudrait seulement pour affamer la France
  Dix philosophes comme toi.

Nommé directeur de l'École normale, M. Cousin publie un pompeux rapport sur une mission que le gouvernement lui a donnée pour aller en Saxe, en Prusse et en Autriche recueillir des documents relatifs à l'organisation de l'instruction publique.

Plus tard, il fait deux autres voyages en Suisse, en Hollande, et continue, aux frais du Trésor, ses études sur la question.

Le cumul des emplois rend son influence énorme.

Il chante victoire; l'éclectisme triomphe sur toute la ligne de la grande armée universitaire.

Malheur aux jeunes aspirants à l'agrégation qui osent professer les doctrines interdites! ils sont sûrs de se voir repoussés aux examens. Le grand Victor est là, sévère, l'œil en éveil, et présidant un jury complétement éclectique.

Si le sujet montre une science trop grande pour qu'on puisse, sans crainte de scandale, lui refuser le diplôme, on l'envoie professer dans quelque trou lointain, où ses paroles sont étouffées et perdues.

Et, s'il parle haut, s'il n'assourdit pas son timbre de voix, on le destitue sans miséricorde.

Ce fut ainsi que notre habile philosophe organisa l'absolutisme de la pensée; ce fut ainsi qu'il parvint à composer un état-major d'écuyers féaux et portant bannière.

Il eut même très-facilement à sa suite une armée de goujats et de ribauds.

Les âmes faibles, — c'est le plus grand nombre, — plient et s'asservissent, qui pour ne pas entraver à tout jamais sa carrière, qui pour ne pas perdre le pain de sa famille.

Or le Mahomet de l'éclectisme veut quelque chose de plus que cet universel silence.

Il est très-important que son libraire Didier fasse fortune, afin qu'il arrive à lui payer de magnifiques droits d'auteur.

En conséquence, chaque fois qu'une œuvre nouvelle de M. Cousin se publie, une question de plus s'ajoute au programme de la philosophie orthodoxe. Il faut donc acheter les livres, si l'on veut répondre à la pensée du maître, et toute l'Université les achète, professeurs comme élèves.

On sait que l'avancement est à ce prix.

Les éclectiques zélés obtiennent les palmes de l'Institut; les plus serviles deviennent académiciens, et le bataillon, comme dit le colonel Victor, grossit, grossit toujours!

Mais quels tristes soldats !

Auprès d'eux les dragons du pape sont des prodiges d'héroïsme. La valeur qui se fourvoie dans cette piteuse phalange n'y reste pas longtemps. Alors le chef redouble d'habileté. Pour combler le vide opéré par les désertions, il se fait racoleur; il grise les uns avec des caresses, verse aux autres le vin frelaté de la louange, et, quand les pauvres diables se réveillent, ils s'aperçoivent qu'ils ont signé leur enrôlement dans la horde éclectique.

Ils sont fusiliers, fifres ou tambours, et

ne peuvent plus se soustraire au pacte maudit.

Grâce à ce joli système, Victor, à différentes époques, a pu s'entourer d'esprits véritablement philosophiques, et capables de servir de contre-forts à l'édifice chancelant qui aurait croulé sans leur secours.

On a beaucoup parlé du zèle de M. Cousin pour ses amis.

Un mot là-dessus.

Les amis de M. Cousin sont en même temps ses humbles serviteurs, ses agents fidèles, ses âmes damnées. Par eux et par leurs services, il domine, il gagne de l'argent ; donc, il est tout simple qu'il entretienne leur affection.

Son zèle s'explique le mieux du monde : c'est de l'égoïsme bien entendu.

M. Cousin se connaît lui-même aussi parfaitement qu'il connaît les autres. Il ne se dissimule pas la vanité de son système, et se tire d'affaire avec de l'adresse.

Par les mêmes raisons d'égoïsme et d'impuissance, il a grand soin de persécuter les esprits libres et chercheurs. Il a fallu que des ministres eux-mêmes intervinssent pour défendre contre les odieuses manœuvres de ce philosophe eunuque Michelet, Quinet, Arnault et Gratien.

Salvandy est un de ces ministres.

L'intolérance de notre homme pour les

idées contraires aux siennes va jusqu'à l'aversion pour les individus.

Un jour qu'il se promenait en compagnie de M. Vacherot[1] sous une avenue du Jardin des Plantes, Pierre Leroux vient à passer près d'eux.

M. Vacherot quitte le bras de Victor et va presser la main du philosophe socialiste. Cela fait, il rejoint le pair de France et continue le dialogue entamé.

— Quoi! s'écrie Cousin, vous êtes l'ami de ce gaillard-là!

— M. Leroux?... mais c'est un des hommes que j'estime et que j'admire le plus.

[1] Le même qui fut avec Dubois directeur de l'École normale.

— Allons donc! un écrivain obscur, le philosophe des ténèbres!

— Il n'a pas la clarté de Voltaire, j'en conviens; mais c'est un novateur, un chercheur d'idées. Votre éclectisme peut emprunter quelque chose à son génie.

— Jamais!... par exemple!

— En ce cas, dit Vacherot, vous êtes en contradiction avec votre principe même.

— Hélas! murmura Victor au milieu d'un profond soupir, j'avais compté sur Jouffroy et sur vous : comme Jouffroy, je vois bien que vous m'êtes hostile!

Puisque nous venons de prononcer le nom de Jouffroy, il est essentiel de rappeler ici que la famille de ce philosophe, mort en 1842, chargea M. Cousin d'éditer ses œuvres posthumes[1].

Un grand scandale se produisit alors.

Jouffroy n'était plus éclectique; il avait même cessé d'être chrétien. Dans ses écrits il dirigeait des attaques violentes contre l'éclectisme et contre la foi.

Pour tout ce qui avait trait à la doctrine religieuse, Victor ne s'en inquiéta guère; mais il biffa sans pitié tout ce qui

---

[1] Elles s'imprimèrent en 1844. Précédemment le père de l'éclectisme avait fait paraître les *Ouvrages inédits d'Abélard* (1836); un traité sur la *Métaphysique d'Aristote* (1837), et de nouveaux *Fragments philosophiques* (philosophie scolastique). Ce dernier livre se publia en 1859.

pouvait être blessant pour lui-même et pour son école.

Un exemple entre mille.

Jouffroy avait écrit : « Le MANQUE DE PRÉCAUTIONS et l'INEXPÉRIENCE de M. Cousin... »

Quelle phrase irrévérencieuse !

— Arrangeons un peu cela, se dit le fidèle éditeur.

Et, sans trouble, sans hésitation, sans remords, il fait subir au texte le léger changement ci-dessous :

« Les EXCESSIVES PRÉCAUTIONS et l'EXPÉRIENCE de M. Cousin... »

Voilà de l'habileté, sans contredit... et de la conscience !

Pierre Leroux, dans un opuscule qui a pour titre : *De la mutilation d'un écrit posthume de Théodore Jouffroy*, signale une infinité d'altérations aussi incroyables, mais d'une portée beaucoup plus grande pour lui, car elles intéressent la doctrine.

Une fois sur le chapitre des défauts du grand Victor, nous n'allons plus en finir.

Harpagon, de retour en ce monde, ne se montrerait pas plus économe que notre philosophe et ne jouerait pas à ses amis des tours plus indignes, quand l'heure est venue de fouiller à l'escarcelle.

Barni, le traducteur de Kant, en sait quelque chose.

Un matin, Victor le rencontre au Palais-Royal, lui frappe sur l'épaule, et lui demande s'il a déjeuné. Barni l'avait eu pour maître de conférences. Il répond négativement, après avoir ôté son feutr avec beaucoup de respect.

— Ni moi non plus, fit Cousin. Déjeunons ensemble !

On entre chez Douix.

Barni, qui se croit invité, laisse Victor commander un déjeuner confortable. On y fait honneur, et les plats se succèdent.

Mais tout à coup notre philosophe se frappe le front.

Une affaire on ne peut plus urgente l'appelle à la Sorbonne. Il se lève, prend sa canne et son chapeau, quitte le salon de Douix et court encore.

Barni paya la carte.

Depuis ce jour, il se promet bien de ne plus accepter les invitations du père de l'éclectisme.

Quand M. Cousin reçut, avec la confiance de Sa Majesté citoyenne, le portefeuille de l'instruction publique, il arriva rue de Grenelle en fiacre.

— Tiens! mais alors nous le verrons partir en coucou! murmurèrent les gobe-mouches des antichambres.

Ils oubliaient l'histoire de la belette et du grenier.

M. Cousin prit au ministère un embonpoint colossal. Toutefois, plus heureux que l'hôtesse gourmande de la Fontaine, on ne lui dit pas :

Vous êtes maigre entrée, il faut maigre sortir !

Quatre énormes voitures de déménagement ne suffirent point à enlever ses bagages.

Son *économie* resta la même au sein des grandeurs. Tous les matins il se faisait cuire une simple côtelette par un garçon de bureau, nommé Rochat, Suisse d'origine.

Il payait ce cuisinier d'occasion sur les fonds destinés aux lettres.

Pour ses secrétaires, il ne leur donne jamais plus de soixante-dix francs par mois, deux francs soixante-cinq centimes par jour.

En revanche, il se montre fort exigeant, et les force à travailler douze heures consécutives.

Parfois les veilles de ces tristes esclaves se prolongent très-avant dans la nuit. Lorsqu'ils n'écrivent pas sous la dictée du philosophe, ils transcrivent ses brouillons et les mettent au net.

S'ils viennent, le matin, un quart d'heure trop tard, ce quart d'heure est religieusement déduit à la fin du mois.

M. Cousin leur accorde trente-cinq minutes pour aller dîner.

Ils déjeunent en travaillant.

Ajoutons que, pour obtenir le titre de secrétaire du grand Victor, il faut être instruit, avoir passé par les grades universitaires et connaître à fond la langue allemande, que M. Cousin ne possède que médiocrement.

Si l'âme de notre philosophe est intéressée[1], on doit lui rendre cette justice qu'elle n'est pas moins rancunière et malfaisante.

Un jeune homme, appelé Bac, ayant été secrétaire de M. Cousin, le quitta pour entrer dans l'Université. Probablement il avait senti le besoin de reconquérir son

[1] Constamment il a eu soin de prendre la moitié des honoraires de ceux qui le suppléaient à la Faculté des lettres. On doit dire, à l'éloge de Villemain, qu'il ne suivit jamais cet exemple de ladrerie.

indépendance, car il se montra presque aussitôt ennemi de l'éclectisme.

Cousin le fait prévenir que cette liberté lui déplaît fort.

Le jeune professeur ne tient pas compte de l'avertissement. On le harcèle, on le tracasse, il voit sa destitution imminente; le pauvre garçon perd la tête et se suicide.

Ferrari, dans ses *Philosophes salariés*, raconte cette mort funeste.

Un autre jeune homme, présenté comme secrétaire à M. Cousin, ne trouve pas les appointements convenables, et refuse l'emploi.

Piqué d'une telle irrévérence, Victor

ordonne à ses acolytes de surveiller l'audacieux.

Apprenant qu'il vient d'être attaché, comme professeur de grec, aux enfants d'un prince russe, il se rend lui-même chez le prince, lui affirme que l'homme dont il a fait choix est d'une incapacité notoire, présente à sa place un de ses écuyers bannerets, et fait renvoyer le premier précepteur, malgré les efforts de l'historien de Cromwell, alors ministre, et dont le malheureux jeune homme avait sollicité l'appui.

Villemain et Cousin se détestent cordialement.

Abel joua plus d'un tour pendable à Victor.

Il se trouva que le nom de celui-ci fut effacé un jour de la liste des membres du conseil d'État en service extraordinaire délibérant.

Cousin donne sa démission; il déclare qu'il ne veut pas d'un titre vain.

Le soir même on porte au *Moniteur* ce petit coup de griffe en quelques lignes :

« C'est précisément pour cela que M. Cousin n'a pas été conservé dans les rangs du service extraordinaire délibérant. Il ne se conçoit pas de titre plus *vain* que celui qu'on a porté six ans sans en user *jamais*. »

Fidèle à ses principes d'éclectisme, le grand Victor, au mois de février 1848, s'empresse d'apporter à messieurs les républicains de l'Hôtel de Ville son humble adhésion.

— Ces *farceurs-là*, dit-il, me *ficheraient* à la porte de mon logement de la Sorbonne. Grattons-leur un peu l'oreille!

Plus tard, il devient un des membres les plus actifs du comité de la rue de Poitiers.

Il s'efforce de moraliser le peuple en lui donnant sa *philosophie populaire*, et en y offrant, comme catéchisme des masses, la *profession de foi du vicaire savoyard*.

Déjà, sous Louis-Philippe, les évêques de France lui avaient lancé leurs mandements à la tête. Ce nouveau péché fut loin d'obtenir leur absolution.

Pour apaiser le courroux de l'Église, Victor Cousin rompt aussitôt des lances contre les socialistes et les démagogues.

L'éclectisme se prête à tout.

Notre philosophe, d'ailleurs, n'avait probablement plus en mémoire certaine visite rendue à la Fayette vers la fin de la Restauration. Le héros des deux mondes habitait alors son château de Lagrange, et Cousin lui dit, en montrant, d'un air affligé, les antiques tourelles du manoir :

— Quel dommage, général, que tout cela vous appartienne !

— Pourquoi donc?

— Ah ! c'est que le moment approche où nous serons forcés de démolir les châteaux, sans en excepter le vôtre, et de partager les terres entre les enfants de la patrie, qui n'est qu'une seule et même famille. On a beau dire, général, toute la Révolution est là !

Noble sauteur, où t'arrêteras-tu ?

Le grand Victor se dédommage d'une jeunesse austère par une galanterie surannée.

Jamais il ne demande aux dames de propager sa doctrine, mais il désire qu'elles soient aimables.

Quand une jolie aspirante au brevet de capacité refuse de lui prodiguer ses doux sourires, elle éprouve le sort des rationalistes et n'obtient pas de diplôme.

On sait que, depuis tantôt vingt ans,

notre philosophe est attelé au char d'une muse charmante.

Tout récemment il s'est complu à la peindre sous les traits de madame de Longueville.

La sœur de Condé n'y a rien perdu.

Pour ressembler à madame Louise Colet, il faut être parfaite. Aussi que de puissance d'imaginative et quel talent de périphrase a déployés Cousin pour flatter la reine de la Fronde et l'absoudre de ce reproche si grave du cardinal de Retz :

« Elle avait trop d'embonpoint et le visage un peu gravé de la petite vérole. »

Il nous prouve que la duchesse de Longueville était la modestie, la piété, la chasteté, la fidélité mêmes, et que la Rochefoucauld n'a jamais eu que le titre pur et sans tache d'ami de la maison.

Les amitiés saintes ne peuvent-elles se reproduire à deux siècles de distance?

Pauvres femmes, comme on les calomnie!

Alphonse Karr annonça le premier la liaison de notre philosophe et de la belle muse avec un manque de retenue et un oubli de toute pudeur qui lui ont valu cette remontrance à coups de couteau dont chacun a gardé mémoire.

On prétend que l'entremise du philosophe-académicien-ministre a pu seule obtenir à sa protégée tant de palmes glorieuses à l'Institut.

Ceci nous paraît une assertion gratuite et perfide.

Les vers de madame Colet sont assez admirables pour emporter le prix sans le secours de personne.

Faut-il parler de M. Cousin comme orateur politique ? Il est presque nul sous ce rapport. Jamais il n'a pris en sérieuse considération les misérables détails du gouvernement constitutionnel. La Chambre des pairs l'entendit prononcer tout au plus quatre ou cinq discours, ayant pour but de défendre sa philosophie ou d'attaquer les jésuites.

Ce que nous ne lui refuserons pas, c'est d'être un infatigable travailleur.

De 1840 à 1853, il a publié de nombreux volumes.

Voici les principaux :

Cours d'histoire de la philosophie moderne, professé pendant les années 1816 et 1817, sténographié par ses élèves, et revu par lui; — *Leçons de philosophie sur Kant;* — *Des pensées de Pascal,* œuvre où le mutilateur de Jouffroy signale à l'Académie une foule de mutilations; — *Introduction aux œuvres philosophiques du père André;* — *Fragments littéraires;* — *Jacqueline Pascal;* — *Fragments de philosophie cartésienne;* — *Fragments philosophiques,* etc.

Tous ces *fragments* prouvent que

M. Cousin n'a pas l'ampleur nécessaire pour produire un traité complet de philosophie

C'est tout simplement un critique et un arrangeur.

Il a, de plus, édité les *OEuvres philosophiques* de Maine de Biran, et traduit le *Manuel de philosophie* de Tennemann; ou plutôt il n'a fait que le revoir; M. Auguste Viguier en est le véritable traducteur.

A défaut d'œuvres originales, Cousin édite celles d'autrui.

C'est toujours du travail, mais ce n'est plus de la puissance.

Néanmoins il a publié de son cru un livre qui a pour titre *du Beau, du Vrai et du Bien*, et une *Défense des Principes de la Révolution française et du gouvernement représentatif*, deux ouvrages fort médiocres.

On peut dire toutefois du dernier que c'est une dette et un souvenir, car le gouvernement de Louis-Philippe était doux à l'éclectisme.

Il faut rendre cette justice à M. Cousin que ses *Portraits des femmes illustres du dix-septième siècle* sont écrits dans une grande manière et dans un grand style.

Avant de paraître en volumes chez Didier, ces curieuses études biographiques trouvèrent place dans la *Revue des Deux-Mondes.*

Pour contenter à la fois Buloz et Didier, car l'un et l'autre de ces messieurs n'acceptent que de la prose inédite, voici le moyen dont s'ingénie le grand Victor.

On ne gagne jamais trop d'argent.

Du même sac on doit, quand on le peut, tirer deux moutures.

Il fait d'abord une esquisse de trois ou quatre feuilles, qu'il vend à la *Revue.* Puis, à sept ou huit mois de là (Buloz exige impérieusement ce délai), l'auteur reprend son esquisse, l'amplifie et la porte au libraire.

Tout le monde est satisfait.

Ce bon monsieur public seul n'y voit que du feu.

Sur le point de terminer l'histoire de Cousin, n'oublions pas qu'un de ses plus grands travers est de s'être cru dans tous les temps et de se croire encore aujourd'hui le plus bel homme de son siècle.

Jadis Victor se rendait à l'École normale en tilbury, ganté comme un fashionable et le lorgnon dans l'œil.

On eût cru voir Alcibiade, et non Platon.

Les disciples se moquaient du maître. Presque tous les jours ils faisaient en sorte d'amener ce philosophe, aussi fat que pédant, sur le chapitre des illustrations contemporaines.

M. Eugène Despois, dans le feuilleton de l'*Indépendance belge* du 20 mai dernier, raconte l'anecdote suivante.

— Il est nécessaire, disaient les élèves, d'étudier l'œuvre de nos écrivains modernes, afin de l'apprécier convenablement. Nous devons lire Victor Hugo aussi bien que Racine.

Et Cousin de répondre sur un ton d'oracle :

— Mes amis, laissons cela au profane vulgaire ! Mais nous... *at nos viri ingenui, kaloi kai-agathoi*, est-il besoin, quand nous avons devant les yeux l'Apollon du Belvédère (ici le professeur levait ses grands bras à gauche vers la statue absente), est-il besoin de nous détourner (ici le philosophe portait brusquement les mains et les yeux à droite vers son talon) pour regarder un chiffonnier qui passe?

Ah! monsieur Cousin, cette appréciation du plus grand de nos poëtes vous condamne sans retour.

Votre gloire est loin d'atteindre à celle que vous traînez dans le ruisseau. Le diamant n'est pas souillé, la fange vous reste.

Quand la postérité vous apercevra sous votre costume philosophique, aussi bigarré que celui d'Arlequin, elle portera de vous un jugement capable de réhabiliter ceux que vous avez voulu flétrir, et, modifiant pour votre usage l'épitaphe célèbre de l'auteur de la *Métromanie*, elle écrira sur votre tombe :

Ci-gît Victor, qui ne fut rien,
Ni philosophe ni chrétien.

FIN.

Mon cher ami,

Je ne pourrai me trouver Vendredi chez M. de Biran, car je ne viendrai pas à Paris cette semaine. Je ne ferai cours ni Jeudi ni Vendredi. je ne me porte pas bien, et j'aurois vivement desiré entendre M. Paridel. il y faut renoncer et garder la chambre.

je vous salue de tout mon cœur,

V. Cousin

www.ingramcontent.com/pod-product-compliance
Lightning Source LLC
LaVergne TN
LVHW050633090426
835512LV00007B/828